AF399822

GROUPON

El fenómeno de los descuentos en línea

Por Charlotte Bouillot
Traducido por Laura Bernal Martín

Economía y empresa 50MINUTOS.es

LAS CLAVES PARA EL ÉXITO

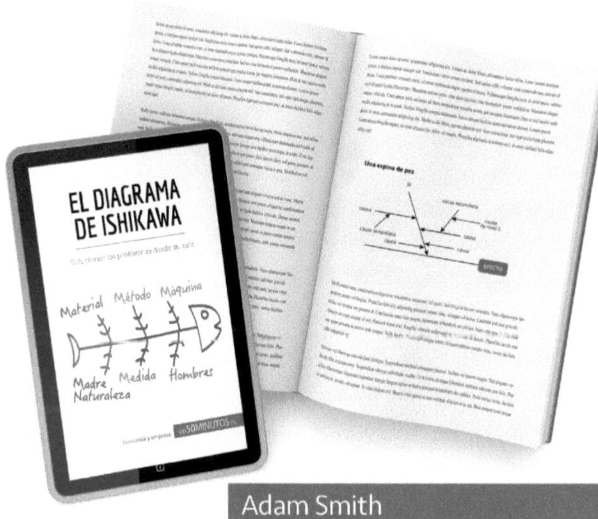

Adam Smith

El principio de Pareto

El estrés laboral

La pirámide de Maslow

www.50minutos.es

GROUPON

EL CUPÓN DE DESCUENTO DIGITAL Y SOCIAL QUE ESTÁ A LA MODA

Groupon.com nace en 2008, un año sombrío para una economía estadounidense duramente afectada por la crisis. El joven empresario Andrew Mason observa cuán preocupados están los estadounidenses por la disminución de su poder adquisitivo y decide conseguir que el cupón de descuento vuelva a estar de moda. Su página web, que propone cada día una oferta distinta solo válida si se alcanza un número determinado de compradores, atrae a muchísimos compradores. A pesar de que el sistema no es nuevo, es indudable que se inscribe a la perfección en la tendencia actual: la compra colectiva se basa en una dinámica de red y ahora tiene lugar en línea; los cupones en papel se vuelven digitales, y las reducciones masivas permiten a los consumidores realizar compras superfluas incluso en tiempos de crisis y a los anunciantes volver a llenar sus tiendas de gente.

El éxito es abrumador: el valor de la empresa supera los mil millones de dólares tan solo 17 meses después de su creación, algo inédito entre las empresas emergentes. En dos años, el gigante de los cupones se establece en 88 ciudades de los Estados Unidos y en 22 países de todo el mundo. A finales de 2010, Andrew Mason rechaza una oferta de compra por parte de Google por valor de 6000 millones de dólares. Un año más tarde, la empresa sale a bolsa y cierra su primer día con un valor de mercado de 16 500 millones de dólares.

Sin embargo, este idílico panorama no tarda en desmoronarse: socios descontentos que ponen en tela de juicio la estabilidad del modelo, competidores que se multiplican y pérdidas colosales que alejan a los inversores. Desde 2012, Groupon ha caído de su pedestal y, aunque la empresa logra renovarse, no parece ser capaz de restablecer la confianza en su modelo de negocio. Ahora que la euforia de las compras colectivas forma parte del pasado, ¿qué futuro le espera al gigante del cupón?

- **¿Fundadores?** Andrew Mason (músico estadounidense, 27 años), Eric Lefkofsky (empresario estadounidense, 39 años) y Brad Keywell (empresario estadounidense, 39 años).
- **¿Fecha de creación?** El 15 de enero de 2008 en Delaware (Estados Unidos), inicialmente bajo el nombre «ThePoint. com». El 16 de junio de 2009 se convierte oficialmente en «Groupon, Inc.».
- **¿Lanzamiento comercial?** En noviembre de 2008 en Chicago (Illinois, Estados Unidos).
- **¿Sector de actividad?** Venta en línea.
- **¿Datos clave?**
  - 2015: 1470 millones de dólares de volumen de negocio bruto y 48,6 millones de usuarios activos (de los 260 millones de suscriptores) en el mundo hasta finales de 2015.
  - 2014: 3200 millones de dólares de volumen de negocio bruto y 53,9 millones de usuarios activos en todo el mundo.
  - 2013: 5800 millones de dólares de volu-

men de negocio bruto y 44,9 millones
de usuarios activos en todo el mundo.

- ○ 2012: 5400 millones de dólares de volumen de negocio bruto y 41 millones de usuarios activos en el mundo.
- ○ 2011: 4000 millones de dólares de volumen de negocio bruto y 33 millones de usuarios activos en todo el mundo.
- ○ 2010: 713 millones de dólares de volumen de negocio bruto.
- ○ 2009: 30 millones de dólares de volumen de negocio bruto.

- **¿Palabras clave?**
  - ○ <u>Compra colectiva</u>: el principio consiste en reunir a varios compradores para aumentar el volumen de ventas y negociar un precio mejor con el vendedor. Este modo de funcionamiento, practicado tradicionalmente por los profesionales o por los comités de empresa, se ha institucionalizado gracias a la era digital al reunir a compradores de todo el mundo.
  - ○ <u>Web 2.0</u>: desde 2007, el término ha sido utilizado para describir la evolución de la red hacia una mayor interactividad

con el surgimiento de las redes sociales, los blogs y el *crowdsourcing* (externalización de determinadas tareas a un gran número de personas), cuyo ejemplo más claro es la creación de la enciclopedia colaborativa Wikipedia en 2001.

INICIOS

UN FUNDADOR CON UN PERFIL ATÍPICO

Lejos del perfil de los jóvenes informáticos que crean la mayor parte de las empresas emergentes de la era digital, Andrew Mason, un músico de 27 años, crea una empresa que rompe todos los récords de crecimiento: Groupon. Apasionado por la música, comienza a tocar el piano a los 6 años y, durante sus estudios musicales en la Universidad del Noroeste de Chicago, funda un grupo de *rock* a medio camino entre el *punk*, los Beatles y Cat Stevens. Más interesado en formar parte de una contracultura que en convertirse en una estrella de *rock*, admite haber estado convencido hasta los 25 años de edad de que sería músico profesional.

Andrew Mason es, ante todo, un hombre creativo y rebosante de ideas. Nace en 1981 en Mt. Lebanon (Pensilvania, Estados Unidos), y crea su primera empresa a los 15 años: es la Bagel

Express, destinada a entregar a domicilio *bagels* frescos a sus vecinos el sábado por la mañana. Autodidacta en programación informática, obtiene trabajo en InnerWorkings, una compañía fundada por el rico empresario de Chicago Eric Lefkofsky, que subcontrata los trabajos de impresión de sus clientes profesionales. Es entonces cuando diseña una página web capaz de analizar temas candentes y revelar lo que los autores de los artículos más leídos tienen en mente. El proyecto convence a la Escuela de Políticas Públicas Irving B. Harris de la Universidad de Chicago, que le otorga una beca en 2006. Pocos meses después, la idea llega a oídos de Eric Lefkofsky, que le ofrece la modesta suma de un millón de dólares para lanzar la página web.

Eric Lefkofsky es un hombre hecho a sí mismo nacido en 1969, licenciado en Derecho por la Universidad de Míchigan, al igual que su compatriota Brad Keywell (nacido en 1969), también cofundador de Groupon. Juntos y con sus propios fondos, crean Lightbank en 2010, una sociedad de inversión especializada en tecnologías de ruptura, así como muchas otras empresas como Brandon Apparel (ropa de deporte) y Starbelly.

com (productos promocionales). Ambos son profesores adjuntos en la Universidad de Chicago, donde imparten un curso conjunto titulado «Building Internet Start-Ups: Risk, Reward, and Failure» («Construyendo empresas emergentes digitales: riesgos, recompensas y fracasos»).

En el año 2010, Andrew Mason habla con el *Chicago Tribune* sobre esta colaboración:

«Nunca me he considerado emprendedor [...] Tengo muchas ideas y me gusta experimentar y crear cosas. Lo que pasa es que me he visto rodeado de grandes empresarios que me han introducido en este ambiente, y he aprendido muchísimo»[1] (Markowitz 2013).

UNA IDEA EN SINTONÍA CON LOS TIEMPOS QUE CORREN

Lejos de la idea inicial de Mason, ThePoint.com nace en 2007 bajo la forma de una plataforma en línea para difundir peticiones. Esta da de qué hablar desde su nacimiento, gracias sobre todo a sus extravagantes campañas. Varios miles de personas habrían firmado para que se construyera una cúpula sobre Chicago con el objetivo de que la ciudad guardara el calor todo el año, o para comprometerse en la lucha contra el sida siempre que Bono, el cantante del grupo de *rock* U2, se retirase de la vida pública. Este éxito mediático permite que la joven empresa, creada en enero de 2008, atraiga una inversión próxima a los 5 millones de dólares por parte del californiano New Enterprise Associates, el fondo de capital de riesgo más importante del mundo.

Aunque la página web no acaba de generar un tráfico suficiente, Andrew Mason se da cuenta de que una de las campañas más populares es

---

1. Cita traducida por 50Minutos.es

la relativa a la necesidad de aumentar el poder adquisitivo. Entonces crea un blog llamado *Getyourgroupon.com*, que propone a sus lectores una nueva oferta promocional al día. Como no tiene mucho que perder en esta nueva aventura (que por aquel entonces tan solo implica a un equipo reducido que busca ofertas interesantes cada día), los inversores animan a Mason para que siga adelante con el experimento. Las ofertas que alcanzan un número mínimo de compradores son validadas y cada vez que esto sucede, la página se queda con una comisión.

Los resultados son sorprendentes: entre los 5000 clientes de base, la página web logra vender 100 entradas de 25 euros para pasar una hora en una cámara de aislamiento sensorial (una cámara insonorizada llena de agua salada a temperatura corporal en la que uno se sumerge en completa oscuridad). En los siguientes seis meses, Groupon lanza el servicio en Boston, en Nueva York y en Washington D. C., antes de partir a la conquista de Europa con la compra de CityDeal (empresa similar fundada en Berlín en 2009). El boca a boca atrae a visitantes en masa y, tras solo 17 meses de actividad, el fondo de inversiones ruso Digital

Sky Technology, ya implicado en Facebook (red social fundada en 2004) y en Zynga (empresa de juegos sociales fundada en 2007), inyecta 135 millones en la empresa, lo que hace que su valor suba a los 1350 millones de dólares. YouTube (red social para compartir vídeos creada en 2005) era hasta ese momento la única empresa cuyo valor había superado los mil millones de dólares en tan poco tiempo.

LA COMPRA SOCIAL

Groupon es una palabra compuesta por las palabras inglesas «group» («grupo») y «coupon» («cupón»), en referencia al hecho de que el tamaño del grupo de compradores es lo que permite obtener el cupón de reducción. El principio de la compra colectiva descansa en una dinámica de red social, ya sea virtual o real, y lo han utilizado durante mucho tiempo los comités de empresas para obtener ventajas para sus asalariados. Reúne a una comunidad de compradores en torno a un centro de interés común y les obliga a que se valgan del boca a boca para obtener el producto o el servicio que les interesa. En la época de la web2.0, es fácil que algo así se vuelva viral. Durante los primeros seis meses de existencia de Groupon, más de la mitad de los usuarios lo son porque sus amigos les han animado a entrar en la página web.

Al igual que durante la venta, la experiencia de compra prevalece sobre el propio producto: ser uno de los pocos privilegiados que se beneficiará de la promoción exclusiva o uno de los que encontrará la gran oferta del día, con la prisa y la espera hasta saber si la oferta cumplirá con el número suficiente de compradores para ser validada y con la satisfacción inmediata que conlleva la confirmación del acuerdo, incluso antes de que se obtenga el producto o servicio final. Y esta experiencia puede ser compartida en las redes sociales y con amigos y familiares, resultando en un impacto de *marketing* diez veces mayor. Por último, cabe señalar que la mayoría de las ofertas de la página web se refieren a experiencias para ofrecer o compartir con otros (restaurantes, viajes, primeros vuelos, tratamientos de bienestar, etc.).

DESARROLLO DE GROUPON

REDUCCIONES DESCOMUNALES Y GRANDES VOLÚMENES DE VENTAS

Los compradores que se registran en la página web reciben una nueva oferta promocional diaria, local y con una duración muy limitada. Los descuentos ofrecidos por los anunciantes deben ser lo suficientemente interesantes para crear el frenesí diario de compras de un gran grupo de compradores. Más allá del descuento concedido, los vendedores también tienen que comunicar el importe indicado a la página web, siendo la comisión de Groupon a menudo el 50 % del precio pagado por el comprador. Ese es el motivo por el que la mayoría de ofertas se encuentran en el sector servicios (restaurantes, belleza, turismo) y en el sector del lujo, donde los márgenes son más altos.

La clave para los anunciantes es la visibilidad, la notoriedad, la creación de nuevos clientes y el acceso a un volumen de ventas que sin lugar a dudas no podrían alcanzar solos, ya que Groupon cuenta con una base de datos de varios millones de suscriptores e invierte sumas significativas en posicionamiento en línea. Según Andrew Mason, dos años después de la creación de la página web, 35 000 empresas ya han solicitado anunciar una oferta. En promedio, Groupon solo selecciona a un anunciante de cada ocho, basándose en las buenas calificaciones de los clientes disponibles en línea, en la importancia del descuento concedido y en la originalidad de la oferta en comparación con lo que ofrece habitualmente el vendedor. A finales de 2010, el 98 % de las ofertas en línea fueron validadas y la página web generó 50 millones de dólares mensuales en ingresos en los Estados Unidos. En 2011, la compañía está presente en 160 ciudades de Estados Unidos y 35 países.

EL SERVICIO TANGIBLE EN EL MUNDO DE LAS EMPRESAS EMERGENTES

La empresa no se encarga de la logística, sino que pone en contacto a clientes con prestatarios de servicios locales. En este sentido, se trata de una plataforma de *marketing* como las guías turísticas o las páginas que agrupan las opiniones de los consumidores, como TripAdvisor. Pero, al contrario de lo que sucede con la mayoría de las empresas de internet de su generación, Groupon es un negocio muy concreto: en dos años, la empresa emplea a unos 4000 asalariados en una cincuentena de países, cuenta con 83 millones de suscriptores en todo el mundo y obtiene un volumen de negocios bruto de 730 millones de euros. Ni eBay, ni Google ni Amazon pueden vanagloriarse de un crecimiento tan importante y rápido.

Los suscriptores apuestan por una oferta local y luego acuden a la tienda para recibir el producto o servicio. Se trata de un modelo de *marketing* tangible que atrae grandes volúmenes de clientes a empresas a veces muy jóvenes o a nuevos servicios. La página permite a las empresas con menos experiencia y con presupuestos de *marketing* bajos o inexistentes obtener volúmenes de ventas excepcionales. Por ejemplo, Groupon logra vender en 8 horas casi 20 000 entradas para un circuito sobre la arquitectura de Chicago por 12 dólares en lugar de 25. Para lograr que este tipo de promociones funcione, la empresa ha confiado desde el principio en su fuerza de ventas y en un ejército de redactores para crear ofertas atractivas. Al principio, estos últimos fueron reclutados principalmente del mundo de la improvisación de Chicago y recibían una remuneración equivalente a la de los periodistas.

¿SABÍAS QUE...?

Según Aaron With, ayudante de Mason en ThePoint.com, músico activo en la escena *rock* de Chicago y editor jefe de Groupon hasta 2014, su equipo editorial escribió el equivalente a una novela de 190 páginas cada día durante el primer año de actividad del sitio.

RESULTADOS RÉCORD

El crecimiento de la página web es deslumbrante y las cifras crecen vertiginosamente.

Algunas cifras

	2009	**2010**
Volumen de negocio bruto	30 millones de dólares	713 millones de dólares
Volumen de negocio neto (teniendo en cuenta la cantidad pagada a los socios anunciantes)	11 millones de dólares	280 millones de dólares
Número de socios comerciantes	2900	57 000
Número de suscritos	3,4 millones	83 millones

Los hermanos alemanes Samwer (Oliver, Marc y Alexander), famosos por hacer una fortuna copiando conceptos americanos exitosos en Europa como Airbnb (una plataforma privada de alquiler de viviendas creada en 2008) o Pinterest (una red social basada en la imagen compartida fundada en 2010), serían en parte responsables de acelerar el crecimiento del sitio. Al vender su clon europeo CityDeal al gigante del cupón en mayo de 2010, se hacen cargo de las operaciones de la página en Europa. En pocos meses, las ventas europeas alcanzan y superan a las de los Estados Unidos. Con solo el 10 % de la participación accionarial de Groupon, los alemanes solo podían obtener ganancias elevadas y rápidas con un crecimiento récord antes de la salida a bolsa. Pero el desarrollo tiene un coste y, aunque las ventas de la página web se disparan, la compañía dilapida su dinero demasiado rápido, principalmente debido al número de vendedores necesarios para conseguir socios locales: de 6900 millones de dólares de pérdidas en 2009 pasan a 450 millones en 2010.

UN MODELO FÁCILMENTE IMITABLE

A finales de 2010, en los Estados Unidos ya se han lanzado 200 páginas web basadas en este mismo modelo, y 500 otras en el resto del mundo, de las cuales un centenar está en China y una treintena en Francia (ClubDeal, Dealissime, Le Trader.fr, etc.). A algunos ni siquiera les tiembla el pulso a la hora de copiar el nombre de dominio o la imagen corporativa de Groupon. Para lanzarse, basta con un buen equipo de representantes de ventas sobre el terreno que consigan atraer a los anunciantes y un puñado de buenos redactores que diseñen de manera atractiva las ofertas en la página web.

Más allá de esta multitud de actores más o menos efímeros, algunos están teniendo un impacto duradero, como LivingSocial, el principal competidor de Groupon en los Estados Unidos. Esta empresa estadounidense se lanza en 2007, cuando Facebook se abre a desarrolladores externos, creando numerosas aplicaciones que permiten a los usuarios listar, valorar y compartir una gran cantidad de información en su perfil, como sus libros o restaurantes favoritos. Tras haberse hecho con más de cien millones de usuarios, la empresa compra BuyYourFriendADrink. com en 2009 y comienza a desarrollar acciones de *marketing* en línea en colaboración con los minoristas locales. A finales de 2010 Amazon, el minorista en línea número uno del mundo, invierte 175 millones de dólares en la compañía, que espera convertirse en líder internacional y salvar distancias con Groupon. No obstante, Mason no parece tener miedo, ya que durante ese mismo período rechaza una oferta de compra por parte de Google valorada en 6000 millones de euros.

UNA SALIDA A BOLSA EN FORMA DE ASCENSOR EMOCIONAL

La salida a bolsa de Groupon el 4 de noviembre de 2011, muy esperada en el sector de las Nuevas Tecnologías de la Información y de la Comunicación (NTIC), permite a la compañía recaudar 700 millones de dólares solo tres años después de su creación. Se trata del mayor acuerdo de este tipo para una empresa en línea desde que Google sale a bolsa en 2004. El precio de las acciones sube un 30 % durante la jornada, antes de comenzar una caída inexorable —pronosticada por la mayoría de los analistas— unos meses después.

De hecho, aunque la transacción permite a los especuladores obtener unos beneficios rápidos, son pocos los inversores que parecen dispuestos a comprometerse a medio plazo en razón a las importantes pérdidas de la empresa: más de 300 millones de dólares durante los nueve primeros meses de 2011 en un sector cada vez más competitivo. Unos meses antes, los gigantes de la red entran en la carrera: Facebook con sus «Ofertas» publicadas directamente en el muro de los usuarios, las promociones @earlybird en Twitter, el sistema de «Google Offers» conectado directamente a Google Maps, o Amazon, que ahora recibe el apoyo de LivingSocial.

REPERCUSIONES

Ofertas agresivas y volúmenes de venta desmesurados

En muchas ciudades de todo el mundo, los vendedores están empezando a hacer oír sus quejas, cuestionando el modelo de funcionamiento del sitio. En su frenética búsqueda de promociones agresivas y de aumento del volumen de ventas, Groupon habría puesto en dificultades o incluso arruinado a varios de sus socios comerciales, superados por reducciones mal gestionadas y excesivas. Restauradores de Portland, una decoradora belga o una pastelera de Reading (Inglaterra): todos ellos denuncian el hecho de que no controlan los volúmenes de venta fijados por Groupon — a menudo ilimitados durante un período de tiempo determinado—, y que se les cobra comisiones de hasta el 100 % sobre los importes facturados a los consumidores. Resultado: 8500 compradores para un total de

102 000 magdalenas que hay que fabricar con pérdidas en la pastelería de Rachel Brown o el cierre de la tienda de diseño de Sylvie Pastur en Lasne (Bélgica).

¿El propio equipo de Groupon está superado por los acontecimientos? Como explica Barbara Weisz, directora de *marketing* de Groupon France, en abril de 2011 para *L'Expansion*: «La audiencia de la página ha pasado de 3 millones de visitantes únicos a 7 millones en pocos meses. Las ofertas que tenían 50 clientes han pasado a contar con 500, con 1000... Los comerciantes generalmente nos dicen que quieren el mayor número de clientes posible. Pero ni ellos ni nosotros nos esperábamos pedidos de tal magnitud»[1] (Karayan 2011). La empresa se ha mostrado reactiva y ha establecido volúmenes de ventas fijos en los contratos, calculados directamente con los minoristas por un equipo encargado de supervisar las asociaciones sobre el terreno. Al mismo tiempo, se agrega un componente de «calidad del trato» como variable de su remuneración para evitar abusos o negligencias.

---

1. Cita traducida por 50Minutos.es

Una clientela difícil

Otro obstáculo que ponen de manifiesto los anunciantes es la dificultad de fidelizar a la clientela de Groupon. Efectivamente, parece poco probable que un usuario de cupones compre una segunda vez un mismo producto o servicio por un precio tres o cuatro veces mayor al pagado inicialmente cuando es probable que la plataforma ofrezca una oferta similar por parte de otro establecimiento.

Con el fin de probar la eficacia del modelo, los ingenieros informáticos John Byers, Georgia Zervas (ambos titulados por la Universidad de Boston) y Michael Mitzenmacher (Universidad de Harvard) estudian la evolución de la reputación en línea de los anunciantes antes y después de su asociación con Groupon. El resultado no es fabuloso: aunque el número de comentarios publicados en Yelp (plataforma de opiniones participativas) aumenta considerablemente con una oferta publicada en Groupon, las opiniones de los que utilizan cupones es de media entre un 10 y un 20 % peor que la de sus clientes regulares (MIT Technology Review 2011).

Las tres principales razones que mencionan los redactores de la página gastronómica Eater para explicar este fenómeno son las siguientes:

- el comercio firma una asociación con Groupon porque ya experimenta dificultades y espera así limitar los daños;
- los clientes de vales de descuento tienen unos ingresos relativamente bajos y son muy exigentes en términos de la calidad de la oferta que han comprado. Están dispuestos a enfadarse por el más mínimo error;
- el anunciante se ha visto abrumado por los volúmenes de ventas generados por Groupon y no puede ofrecer un servicio con la calidad requerida.

Prácticas comerciales engañosas

A principios de marzo de 2015, el Tribunal Penal de París ordena a la filial francesa de Groupon pagar una multa de 10 000 euros por prácticas comerciales engañosas y de 1500 euros por daños y perjuicios a la Unión Federal de Consumidores (UFC-Que Choisir). La asociación había interpuesto una acción civil para denunciar descuentos inflados en 2011 que no correspondían a la realidad: un 47 % de descuento en una peluquería para realizarse un alisado brasileño se convertía en un 70 % de descuento según la página web, que calculaba el precio para el cabello largo; un masaje con piedras calientes o un masaje tailandés se vendían con un 61 % de descuento mientras que la promoción del masaje tailandés por sí solo, menos costoso, era de tan solo el 55 %… Como intermediario, Groupon debe, según la ley, verificar la veracidad de las ofertas de sus socios antes de publicarlas. Según una investigación realizada por la Dirección Departamental para la Protección de las Poblaciones (DDPP), encargada de la prevención del fraude en Francia, «algunas sociedades mercantiles […], basándose en el número de contratos adjudicados, tendían a saltarse ciertos controles esenciales, a ser agresivas e incluso a fijar precios contra la opinión de los prestadores de servicios»[2] (Bergé 2015).

UN MODELO ECONÓMICO INESTABLE

En junio de 2012, el precio de las acciones cae

---

2. Cita traducida por 50Minutos.es

por debajo de los 9 dólares, lo que provoca que el valor de la empresa baje a menos de los 6000 millones de dólares ofrecidos por Google en 2010. Al mismo tiempo, el grupo se encuentra en el punto de mira de la SEC (siglas de «Securities and Exchange Commission», es decir, la Comisión de Bolsa y Valores de los Estados Unidos) desde su salida a bolsa por algunas prácticas contables consideradas «creativas» y finalmente tiene que corregir sus resultados de 2011: en términos concretos, esto representa una disminución 14,3 millones de dólares en ingresos y un aumento de su pérdida operativa de 30 millones de dólares.

Y Groupon no es un caso aislado, ya que ese año el conjunto del sector se ve afectado por grandes dificultades. LivingSocial despedirá a más de 400 empleados en 2012. Sus inversores deben reinvertir 110 millones de dólares en 2013, principalmente Amazon, que ahora posee el 31 % de las acciones de la compañía, para ostentar el segundo lugar en el sector financiero.

Mason reconoce que ha construido un negocio sobre la capacidad de empujar a la gente a comprar compulsivamente con ofertas relám-pago, pero parece convencido de la capacidad de Groupon para desarrollar un modelo de negocio más sólido, especialmente en torno a la venta directa de productos de alta tecnología («Groupon Goods») y con «Groupon Payments Center», una nueva solución de bajo coste para pagos electrónicos, inicialmente destinada a los profesionales que gestionan ofertas diarias a través de Groupon. Este nuevo modelo hace que la página dependa de ofertas con poco margen de beneficio: las compras directas con Groupon Goods constituyen una parte cada vez más importante de las ventas del sitio a partir de 2013. Sin embargo, estos productos son mucho menos rentables que las ventas de cupones para servicios de alto valor añadido (20 % de márgenes en las compras directas frente al 88 % de las ofertas diarias).

El inicio del 2013 está marcado por el anuncio de una pérdida neta de 67,4 millones de dólares para el grupo, pero también, y sobre todo, por el final del reinado de Mason, despedido en febrero. «Después de cuatro años y medio intensos e increíbles como director general de Groupon, he decidido que me gustaría pasar más tiempo con mi familia. Estoy bromeando. Hoy me han despedido»[3], dice irónicamente en su cuenta de Twitter antes de asumir sus responsabilidades: «Si te preguntas por qué, es que no prestaste atención... Los acontecimientos del pasado año y medio hablan por sí solos»[4]. El nombre de Groupon continúa desmoronándose hasta cerrar el 28 de febrero de 2013 a 4,53 dólares (Dunand 2013). Un año después, Tim O'Shaughnessy, cofundador y director general de LivingSocial, también anuncia su retirada.

¿SABÍAS QUE...?

En verano de 2013, Andrew Mason saca el álbum pop-rock *Hardly Workin'*, inspirado en el mundo del trabajo y transformando en música los secretos del éxito empresarial.

---

3. Cita traducida por 50Minutos.es
4. Cita traducida por 50Minutos.es

GROUPON EN LA ACTUALIDAD

2014, UN AÑO DE TRANSFORMACIÓN

Eric Lefkofsky, director general de Groupon, lo confirma al publicar los resultados: «2014 habrá sido un año transformador para Groupon, con importantes avances en nuestra estrategia para convertirnos en el principal destino mundial del comercio local»[1] (Groupon.com 2015).

Con más de 260 millones de suscriptores, Groupon opta por centrarse en la experiencia del cliente. En septiembre de 2014 se lanza una nueva versión del sitio web, a modo de mercado. El objetivo: en lugar de impulsar ofertas diarias no dirigidas que terminan pareciendo publicidad no deseada, la página invita a los compradores a visitar la plataforma para buscar las ofertas más consistentes con su perfil de consumidor.

---

1. Cita traducida por 50Minutos.es

Al destacar el producto, la marca, su ubicación y la proximidad a los suscritos, la página se asemeja más a una guía turística. Estos avances son especialmente necesarios sobre todo teniendo en cuenta que, en 2014, cerca del 50 % de las transacciones de Groupon se generan a través de los teléfonos móviles en Francia y los Estados Unidos. El 11 de junio de 2014, Groupon lanza «Freebies» en iOS. En los Estados Unidos, se convierte en la primera plataforma móvil para cupones, ventas y promociones, descargada más de 80 millones de veces. Así, a finales de 2014, más de 160 millones de usuarios se conectan en Groupon a través del sitio y la aplicación móvil.

Para mejorar las relaciones con sus socios comerciales y evitar que se repitan los errores del pasado, la empresa trabaja en profundidad con los anunciantes en la fase inicial para definir una oferta coherente con su capacidad y sus márgenes. Los contratos también son más flexibles en términos de tasas de descuento y comisiones cobradas, que ahora varían según el segmento de negocio. Tras una investigación de la Dirección Departamental para la Protección de las Poblaciones, Groupon France también ha creado un departamento de calidad encargado de verificar los precios cobrados por los anunciantes y la veracidad de las ofertas publicadas en la página web.

¿Qué depara el futuro?

Los resultados de finales de septiembre de 2015 confirman la reactivación del negocio local en América del Norte con un crecimiento del 12 % en las cantidades brutas facturadas (cantidades totales pagadas por los clientes en la plataforma con sus compras) y la bajada de las pérdidas netas del grupo: 27,6 millones de dólares contra los 73,1 millones de dólares sobre el total del año 2014. Y los suscriptores continúan consumiendo en la plataforma: de los 260 millones de personas inscritas en la página web, 53,9 millones han comprado en 2014 (es decir, un 23 % más que en 2013) por una cantidad media de 155 dólares. Por otra parte, Eric Lefkofsky cede su lugar a la cabeza del grupo al ex director de operaciones Rich Williams con tres objetivos principales:

- conseguir nuevos clientes para acelerar el crecimiento;
- racionalizar las operaciones internacionales y ganar en eficacia;
- desarrollar de manera sostenible la venta de mercancía con amplios márgenes.

De esta manera, la empresa prevé invertir entre 150 y 200 millones de dólares en una campaña de *marketing* atractiva y mejorar sus márgenes (46 % hoy en día contra el 80 % en 2011). La racionalización de las operaciones, por su parte, pasa por el cese de las actividades en varios países: Grecia, Turquía, Marruecos, Panamá, Filipinas, Puerto Rico, Taiwán, Tailandia y Uruguay, reduciendo su zona de comercialización a 36 países y suprimiendo 1100 empleos entre esta fecha y septiembre de 2016. Además, Groupon lanza el desarrollo de «Groupon To Go», un servicio de entrega a domicilio de comida que se concreta sobre todo con la compra en agosto de 2015 de la empresa OrderUp, presente en 40 ciudades de los Estados Unidos.

Con todo, parece que no aún no se han ganado la confianza de los inversores, ya que los precios de las acciones cayeron en un 30 % desde que el 4 de noviembre de 2015 se anunciaran los resultados del tercer trimestre de ese año. Aunque la empresa demuestra una fuerte capacidad de adaptación y parece estar tanteando nuevas oportunidades, también parece que sigue buscando un modelo económico estable y sostenible siete años después de su creación.

EN RESUMEN

- Groupon.com es el fruto de la unión de un joven músico creativo y dos veteranos empresarios. Juntos han sido capaces de volver a poner de moda el tradicional cupón de descuento: en plena crisis de poder adquisitivo, el cupón se hace digital y genera una nueva experiencia de compra que se comparte en las redes sociales

- Al unir reducciones descomunales con el boca a boca viral en línea, la empresa experimenta un éxito mundial y un crecimiento récord. Cuando entra en bolsa el 4 de noviembre de 2011, cierra su primer día con un valor en el mercado de 16 500 millones de dólares.

- Pero este desarrollo tiene un precio y su *cash burn rate*, es decir, su porcentaje de gastos mensuales, es muy elevado. Tras la euforia de la introducción en bolsa, el valor de la empresa experimenta una caída vertiginosa y las pérdidas se acumulan, mientras que la competencia florece en todos los rincones del mundo.

- Al hacer que el volumen de ventas se dispare, la empresa es acusada de haber arrastrado a numerosos comercios a una espiral infernal de ventas con pérdida y de clientes descontentos. Son muchas las voces que se alzan y comienzan a cuestionar el modelo empresarial de una empresa que ofrece ofertas infladas y cierra colaboraciones injustas.

- Cambio de dirección y de rumbo con la marcha de Mason: la página web desarrolla las compras directas y las soluciones de pago para los vendedores de su mercado. La aplicación para el móvil es un éxito y las cifras de 2014 parecen tranquilizadoras. Aprovechando esta situación, la empresa invierte en 2015 en la entrega de comida a domicilio.

- Aunque la moda del cupón parece cosa del pasado y a pesar de que su modelo económico no siempre es estable, a lo largo de estos últimos años la empresa ha demostrado una gran capacidad de adaptación y no parece haber dicho su última palabra.

¡Tu opinión nos interesa!
¡Deja un comentario en la página web de tu librería en línea,
y comparte tus favoritos en las redes sociales!

PARA IR MÁS ALLÁ

FUENTES BIBLIOGRÁFICAS

- Adaken, Yves. 2011. "Groupon: la face cachée d'une croissance record". *L'Expansion*. 3 de junio. Consultado el 7 de diciembre de 2017. http://lexpansion.lexpress.fr/high-tech/groupon-la-face-cachee-d-une-croissance-record_1444553.html

- Andrieu, Olivier. 2011. "Google Offers, concurrent de Groupon, officiellement lancé dans certaines villes américaines". *Abondance*, 26 de abril. Consultado el 7 de diciembre de 2017. http://www.abondance.com/actualites/20110426-10843-google-offers-concu-rrent-de-groupon_officiellement-lance-dans-cer-taines-villes-americaines.html

- Auberger, Olivier. 2012. "Les bourdes comptables de Groupon tombent mal". *Le Figaro*. 2 de abril. Consultado el 7 de diciembre de 2017. http://bourse.lefigaro.fr/indices-actions/actu-conseils/les-bourdes-comptables-de-groupon-tombent-mal-173225

- Benoît Sarazin, "Innovation de rupture et rupture technologique", 2011. Consultado el 7 de diciembre de 2017. http://benoitsarazin.com/francais/2011/08/innovation-de-rupture-et-rupture-technologique.html

- Bergé, F. 2015. "Les faux bons plans de Groupon condamnés par la justice". *BFM TV*. 9 de marzo. Consultado el 7 de diciembre de 2017. http://bfmbusiness.bfmtv.com/entreprise/les-faux-bons-plans-de-groupon-condamnes-par-la-justice-868028.html

- Brion, Raphael. 2011. "Signing Up With Groupon Might Wreck a Business' Yelp Rating". *Eater*. 12 de septiembre. Consultado el 7 de diciembre de 2017. http://www.eater.com/2011/9/12/6654451/signing-up-with-groupon-might-wreck-a-business-yelp-rating

- Cadoux, Maries. 2010. "Groupon convoité par Yahoo! et Google". *LSA Commerce & Consommation*. 29 de noviembre. Consultado el 7 de diciembre de 2017. http://www.lsa-conso.fr/groupon-convoite-par-yahoo-et-google,117735

- Corrot, Philippe. 2014. "Marketplace: croissance et rentabilité". *Le Journal du Net*. 19 de septiembre. Consultado el 7 de diciembre de 2017. http://www.journaldunet.com/ebusiness/expert/58492/marketplace---croissance-et-rentabilite.shtml

- Dion, James. 2010. "Le courant Groupon". *A2R*. Noviembre. Consultado el 5 de septiembre de 2015. http://www.a2r.ca/fr/societe/articles/le-courant-groupon/#whatisit

- Dixler, Hillary. 2015. "The Rise, Fall, and Improbable Comeback Strategy of Groupon".

Eater. 4 de agosto. Consultado el 7 de diciembre de 2017. http://www.eater.com/2015/8/4/9091069/groupon-to-go-orderup-delivery-comeback-strategy

- Dunand, Clémence. 2013. "Débarqué, le co-fondateur de Groupon joue la carte de l'autodérision". *Les Échos*. 28 de febrero. Consultado el 7 de diciembre de 2017. http://www.lesechos.fr/28/02/2013/lesechos.fr/0202609225860_debarque--le-co-fondateur-de-groupon-joue-la-carte-de-l-auto-derision.htm?texte=groupon

- Duperron, Audrey. 2013. "La cupidité a mené Groupon à sa chute". *L'Express*. 14 de marzo. Consultado el 7 de diciembre de 2017. http://www.express.be/business/fr/economy/la-cupidite-a-mene-groupon-a-sa-chute/187592.htm

- Fauconnier, Flore. 2010. "Amazon investit 175 millions de dollars dans Living Social". *Le Journal du Net*. 3 de diciembre. Consultado el 7 de diciembre de 2017. http://www.journaldunet.com/ebusiness/commerce/amazon-investit-dans-living-social-1210.shtml

- Fauconnier, Flore. 2015. "Groupon: y a-t-il une vie après les coupons?". *Le Journal du Net*. 13 de febrero. Consultado el 7 de diciembre de 2017. http://www.journaldunet.com/ebusiness/commerce/groupon-resultats-2014-0215.shtml

- Fauconnier, Flore. 2011. "Sylvie Pastur (Escale Design): 'Un commerçant qui fait un deal avec

Groupon est d'office perdant'". *Le Journal du Net*. 6 de abril. Consultado el 7 de diciembre de 2017. http://www.journaldunet.com/ebusiness/commerce/sylvie-pastur-sylvie-pastur-contre-groupon.shtml

- Griffith, Erin. 2015. "Counterpoint: Groupon Is Not a Success". *Fortune*. 20 de marzo. Consultado el 7 de diciembre de 2017. http://fortune.com/2015/03/20/groupon-success/

- Groupon Press, "Groupon Board Names Rich Williams CEO". Consultado el 7 de diciembre de 2017. http://investor.groupon.com/releasedetail.cfm?releaseid=940255

- Groupon.com, "Groupon Announces Fourth Quarter and Fiscal Year 2014 Results", 2015. Consultado el 7 de diciembre de 2017. https://investor.groupon.com/static-files/2fb7714a-d46f-45f9-8d7e-6878eefa9ee2

- Hall, James. 2011. "Groupon Demand Almost Finishes Cupcake-maker". *The Telegraph*. 22 de noviembre. Consultado el 7 de diciembre de 2017. http://www.telegraph.co.uk/finance/newsbysector/retailandconsumer/8904653/Groupon-demand-almost-finishes-cupcake-maker.html

- Houlihan, Patty. 2010. "Teaching the Secrets of Successful Serial Entrepreneurship". *Chicago Booth News*. Diciembre. Consultado el 7 de diciembre de 2017. http://www.chicagobooth.edu/news/2010-12-07-groupon.aspx

- Karayan, Raphaële. 2011. "Groupon: arnaque ou bonne affaire?". *L'Expansion*. 6 de abril. Consultado el 7 de diciembre de 2017. http://trends.levif.be/economie/high-tech/groupon-arnaque-ou-bonne-affaire/article-normal-201643.html

- Karayan, Raphaële. 2010. "Groupon, le site qui croît plus vite que Google". *L'Express*. 24 de noviembre. Consultado el 7 de diciembre de 2017. http://lexpansion.lexpress.fr/high-tech/groupon-le-site-qui-croit-plus-vite-que-google_1388001.html

- Kelleher, Kevin. 2011. "The Checkered Past of Groupon's Chairman". *Fortune*. 10 de junio. Consultado el 7 de diciembre de 2017. http://fortune.com/2011/06/10/the-checkered-past-of-groupons-chairman/

- L'Express. 2011. "Groupon en Bourse: la fête est finie". *L'Express*. 23 de noviembre. Consultado el 7 de diciembre de 2017. http://lexpansion.lexpress.fr/high-tech/groupon-en-bourse-la-fete-est-finie_1447150.html

- Le Journal du Net. 2010. "Avec @earlybird, Twitter concurrence Amazon et Groupon". *Le Journal du Net*. 7 de julio. Consultado el 7 de diciembre de 2017. http://www.journaldunet.com/ebusiness/commerce/twitter-lance-earlybird-0710.shtml

- Le Monde y AFP. 2015. "Groupon supprime 1 100 emplois et réduit sa présence internationale". *Le Monde*. 22 de septiembre. Consultado el 7 de diciembre de 2017. http://www.lemonde.fr/entreprises/article/2015/09/22/groupon-supprime-1-100-emplois-et-reduit-sa-presence-internationale_4767442_1656994.html#6L6S2PcrLTSglzSH.99

- Le Monde. 2011. "Facebook lance un concurrent de Groupon". *Le Monde*. 26 de abril. Consultado el 7 de diciembre de 2017. http://www.lemonde.fr/technologies/article/2011/04/26/facebook-lance-un-concurrent-de-groupon_1512822_651865.html

- Les Échos. 2012. "Groupon, LivingSocial: les sites d'achats groupés battent de l'aile". *Les Échos*. 29 de noviembre. Consultado el 7 de diciembre de 2017. http://www.lesechos.fr/29/11/2012/lesechos.fr/0202418891471_groupon--livingsocial---les-sites-d-achats-groupes-battent-de-l-aile.htm?texte=groupon

- Mangalidan, JP. 2013. "Groupon: Better Off Without Andrew Mason". *Fortune*. 24 de abril. Consultado el 7 de diciembre de 2017. http://fortune.com/2013/04/24/groupon-better-off-without-andrew-mason/

- Markowitz, Eric. 2013. "The Real Reason Andrew Mason Was Fired". *Inc. Magazine*. 1 de marzo. Consultado el 7 de diciembre de 2017. http://www.inc.com/eric-markowitz/the-real-reason-andrew-mason-was-fired.html

- MIT Technology Review. 2011. "Groupon's Hidden Influence on Reputation". *MIT Technology Review*. 12 de septiembre. Consultado el 7 de diciembre de 2017. http://www.technologyreview.com/view/425395/groupons-hidden-influence-on-reputation/

- Mukherjee, Supantha. 2015. "Groupon Deals another Blow to Investors". *Reuters*. 4 de noviembre. Consultado el 7 de diciembre de 2017. http://www.reuters.com/article/2015/11/04/groupon-results-research-idUSL3N12Z4FM20151104#jp3bBo-FLDgbW1lYy.97

- Muse, Heather. 2013. "Ex-Groupon CEO Andrew Mason Releases Album". *Fortune*. 2 de julio. Consultado el 7 de diciembre de 2017. http://fortune.com/2013/07/02/ex-groupon-ceo-andrew-mason-releases-album/

- Pepitone, Julianne. 2012. "Groupon Launches Credit-card Payments Service". *CNN Money*. 19 de septiembre. Consultado el 7 de diciembre de 2017. http://money.cnn.com/2012/09/19/technology/groupon-payments/index.html?iid=EL

- Rauline, Nicolas. 2014. "Pointé du doigt, Groupon déploie une stratégie plus souple". *Les Échos*. 2 de septiembre. Consultado el 7 de diciembre de 2017. http://www.lesechos.fr/02/09/2014/LesEchos/21762-090-ECH_pointe-du-doigt--groupon-deploie-une-strategie-plus-souple.htm?texte=groupon

- Steiner, Christopher. 2010. "Meet the Fastest Growing Company Ever". *Forbes*. 12 de agosto. Consultado el 31 de agosto de 2015. http://www.forbes.com/forbes/2010/0830/entrepreneurs-groupon-facebook-twitter-next-web-phenom.html

- Yarow, Jay. 2011. "Exclusive Q&A with LivingSocial Ceo: His Secret Plan for Building the Next Huge eCommerce Company". *Business Insider*. 22 de febrero. Consultado el 7 de diciembre de 2017. http://www.businessinsider.com/livingsocial-interview-2011-2?IR=T

- Zetlin, Minda. 2014. "5 Business Lessons from LivingSocial's Tale of Woe". *Inc. Magazine*. 20 de enero. Consultado el 7 de diciembre de 2017. http://www.inc.com/minda-zetlin/5-business-lessons-from-livingsocials-tale-of-woe.html

FUENTE COMPLEMENTARIA

- Groupon Investor. Consultado el 7 de diciembre de 2017. https://investor.groupon.com/ Portal para inversores en el que se pueden consultar informes, resultados y comunicados de prensa.

ISBN ebook: 9782806299796

ISBN papel: 9782806299802

Depósito legal: D/2017/12603/400

Libro realizado por Primento, el socio digital de los editores